Lama de galáxias
Pedro Vicente

Apresentação
Roberta Estrela D'Alva

Posfácio
Paula Valéria Andrade

1ª edição, 2023 | São Paulo

LARANJA ● ORIGINAL

Lama de galáxias
Pedro Vicente

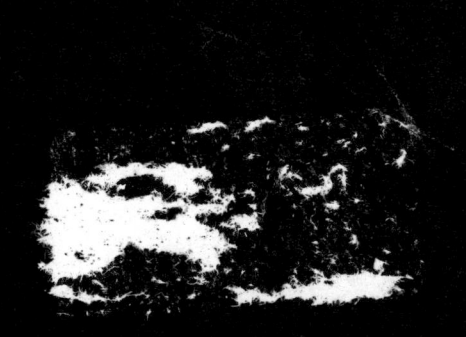

Lama de galáxias
Pedro Vicente

Apresentação
Roberta Estrela D'Alva

Posfácio
Paula Valéria Andrade

1ª edição, 2023 | São Paulo

LARANJA ● ORIGINAL

Apresentação

Transformando palavras em instantes poéticos

Nããão! Eu disse categoricamente quando Pedro cogitou deixar de fora a introdução escrita para este livro. Pra mim não há nada mais interessante que um depoimento pessoal, que as reminiscências da memória, ainda mais quando vem de um artista. Sou devota e adepta do teatro épico brechtiniano onde aprendi que, tanto quanto a obra em si, interessa saber o contexto: de quem é a voz que fala. E nesse caso a curiosidade ainda se alia ao prazer de imaginar um poeta mítico, que viveu num porão na Nova York dos anos 80, e realizou um dos meus sonhos retroativos: ver ao vivo e com todas as cores, a efervescência e potência da chamada *Golden Era* da cultura hip-hop. E de lambuja frequentar os seus famosos clubs, galerias e ainda ter contracenado com a cena punk e com toda a "fauna indecifrável" que habitava aquela cidade. Pedro começa nos transportando para esse lugar. Desde a carona em um navio cargueiro ao emprego de lanterninha, é de um roteiro de cinema que sou catapultada para sua poesia. Poesia forjada nessas andanças até os tempos atuais, traz novos arroubos misturados a samples de memória na avidez de "transformar toda a experiência em poesia".

Há que se movimentar para desvendar os "Poemas Triolhos", girar a página e mudar a perspectiva para buscar o que diz a íris esquerda, a direita e a central. Seus poemas também são peças gráficas que dialogam com o tempo. Imagens surpreendentes, e

também oníricas, de repente estamos diante de um
mosaico onde fadas se riem e se enxugam ou de uma
"princesa de lágrima delicada segurando a chave para
abrir trovoadas quando tocam os sinos do quase nada",
com o poeta espalhando sua Lama de Galáxias no
desejo de que, no fim de tudo, alguma lágrima escorra
por sua fama.

"Arrumando encrencas e encantos que colecionava
para depois transformar em poemas", Pedro organiza
a sessão em que fala do amor, nos conduzindo a
seus labirintos e perdições, entre declarações ao
feminino e encontros efusivos. Sem abandonar a
dança das palavras inicial e criando o elo entre
elas, evoca, para além das imagens, sonoridades que
lemos escutando. De um beijo abrem-se os portais e
"palavras desenhistas saltam de aviões prateados em
paraquedas canções, parafernálias diamantes". E ainda
nas searas do amor, em meio a canivetes nos pergunta
enigmático: "quanto tempo dura o momento em que
tudo vive no campo das possibilidades?"

Dos "Poemas Irritados" surgem versos ácidos como
em "Gripe", onde salta a veia punk rock do poeta
contrariado. Nos "Poemas Políticos", a consciência
de quem sabe que tirar a verdade debaixo do tapete
e falar em tempos agudos pode ser libertador, mas
arriscado. Portanto, para "evitar casos graves, só
mesmo fazendo graça." Frequentemente há humor
permeando os versos de *Lama de galáxias*, ainda que
sutil e nas entrelinhas. Rir de si mesmo diante da

imperfeição e da incapacidade de resolver a vida parece ser um caminho.

E nessa caminhada também há reza. Os "Poemas Preces" vão tecendo a última parte do livro pela via da devoção com orações ao mesmo tempo sagradas e profanas, que culminam em "Agora", um grand finale, uma ode aquariana à boa aventurança, à sorte e à alegria, que já tive a oportunidade de ver ao vivo, mais de uma vez, performada e animada pela voz do próprio Pedro que, além de poeta, artista e maluco beleza, também é ator e diretor, e conhece de perto os mistérios de Dioníso/Baco.

Nos encontramos no âmbito do teatro por intermédio da também dramaturga, atriz e diretora Claudia Schapira; conheci sua veia dramatúrgica e performática, e observando sua trajetória poderia dizer que esses poemas pedem para serem falados e são realmente a "sua cara."

"A poesia não salva o mundo. Mas salva o minuto", disse certa vez a poeta portuguesa Matilde Campilho, e é assim, investido da redentora fé poética (e cênica), fazendo do tempo a sua matéria-prima, que Pedro nos entrega esse volume com sua lama cósmica de estrelas, transformando palavras em instantes poéticos, consciente "de que o próprio tempo é a grande arte."

Roberta Estrela D'Alva

Introdução

Quando eu fiz 18 anos, em 1985, meu avô trabalhava na marinha mercante e eu tinha feito um troco pintando tecidos; queria ir para Nova Iorque, onde moravam alguns primos. Pedi que ele me arranjasse uma carona num cargueiro, e ele conseguiu me embarcar num petroleiro para o Canadá, partindo de Santos. O navio parou num porto de extração de bauxita no rio Trombetas, afluente do Amazonas, depois subiu o Mar do Caribe e passou por um deserto de placas de gelo até entrar no golfo do São Lourenço, Quebec, de onde peguei um ônibus para minha aventura na cidade cinematográfica. Algumas palavras neste livro são, ainda, aquelas que escrevi durante essa viagem, nos cadernos que acumulei pelo caminho, da cabine no navio até o porão que arrumei para morar na cidade, no bairro dos punks, junkies, dançarinos de break e gangs de hip-hop. Ficava no subsolo de uma galeria de arte, e o aluguel incluía a cozinha do andar de cima, que era também a cozinha da galeria; que era, também, o apartamento do dono. Ficamos amigos e ele me mostrou os caminhos do bairro, que vivia o movimento pós-punk *No Wave* espalhado por mil galerias, bares, clubes e lavanderias self service. Arrumei um emprego de lanterninha e pipoqueiro num cinema de arte no bairro vizinho e todo dia cruzava as ruas povoadas por Hells Angels, Hare Krishnas, Rastafaris, gangsters, imigrantes, estudantes e mais uma fauna indecifrável. Toda semana, as galerias atraíam limusines para as vernissages no rastro do movimento, e meu amigo me passava convites para algumas festas onde cruzei pessoas como Basquiat e Andy Warhol, troquei ideia com os Waillers, Nina Hagen, Keith Richards e muita gente louca. No dia seguinte, como todos os dias, assimilava as aventuras à mesa do porão, com minha Olivetti Lettera comprada na calçada, prestando culto às musas. Não anotava os gatilhos de cada poema, não ousava questionar o fluxo das palavras. Meu plano era transformar toda experiência em poesia. Mas não era tão consciente, era a ordem natural das coisas. No porão de pedra, a cidade rolando lá em cima, ficava horas no silêncio, escrevendo. Na companhia de algumas baratas que, é fato, eu matava prazerosamente. Cheguei a chamar os poemas que se acumulavam de *Pequenos Assassinatos*. Depois, mudei para *Incetos*, com a grafia errada significando seres vivos incestuosos, filhos do amor entre os irmãos *Olhar* e *Realidade*. Ou, significando o choque de ilusão e realidade no mergulho pronto num ambiente estranho e totalmente sedutor. Dias antes eu fazia provas para passar de ano numa escola de bairro em São Paulo, agora pescava pérolas num túnel do amor, no barco encantado da efervescência de uma cidade que encarnava um espírito decadente e espetacular. E que me estimulava a perambular, perseguindo ângulos, procurando chaves para as fechaduras da vida. O tempo virou minha matéria-prima; escrevia em todo canto, no trabalho, no metrô, parques e bares. Depois, no porão, passava a limpo, batia à máquina, formulando as ideias. Também desenhava um pouco nos cadernos; meu amigo viu e sugeriu ampliar os desenhos e expor na galeria, mas eu só pensava nos poemas. Era obcecado, lembrei, décadas depois, quando voltei à cidade e vi, num museu, quadros de um pintor com quem eu jogava bilhar no boteco. Na época, eu só escrevia compulsivamente, em português, nos intervalos entre as aventuras pela cidade. Depois de um ano, saí do cinema e fui trabalhar de pedreiro numa reforma, juntando dinheiro para viajar. Tinha um amigo em Londres, queria conhecer a Europa, a obra pagava bem. Em dois meses, fiz o suficiente para a passagem e mais meio ano de mochila pelo continente. De caderno e caneta na mão, seguia o fluxo, buscando percepções inspiradoras para registrar em poesia. Mas queria mais: passei a cultivar idiossincrasias pessoais como pérolas catalisadoras do sentido poético. E funcionou, talvez, mas foi uma experiência arriscada. A razão me escapou, me perdi pelas estações de trem, enxergando símbolos pelas esquinas e arrumando encrencas e encantos, que eu colecionava para depois, em alguma caverna, transformar em poema. No processo, quase esqueci o caminho de casa. Quando resolvi voltar, dentro de mim, eu estava bem longe. A volta foi outra aventura, ou a mesma, que nunca acabou. Na correria, os *Incetos* dispersaram, viraram outros bichos, letras de funk, performances, peças, roteiros, aventuras, besouros, libélulas e taturanas. Tudo, de alguma forma, marcado por aquele momento, no porão da cidade cinematográfica, e a sensação daqueles dias, no geral, a certeza de que sim, a qualquer instante, o mundo ia acabar num barranco. Quando Sex Pistols cantava "No Future", era uma sentença pragmática. Para mim, o começo de tudo sempre foi o fim de tudo. A vida se abriu na celebração apocalíptica kamikaze dos anos oitenta. E sim, que eu me lembre, valeu a festa. Como diz o samba, o mundo não acabou, por motivos complexos misteriosos, ainda não rolou a tal guerra atômica, mas é uma hecatombe em processo. Muitos mundos acabaram, alguns poucos, graças às Musas. Outros continuam no caldo escuro da matéria-prima pra alguma grande alquimia, alguma reação em cadeia ativada por uma massa crítica que transforme em ouro o chumbo do sistema agonizante. Enquanto isso, meu velho porão deve estar hoje alugado por 100 vezes o que eu pagava, a tal cidade que eu amei virou um pastiche esmagado pela economia escravizante que tomou o mundo, e vieram outras catástrofes. Muitos morreram, morrem e sofrem, mas nós ainda estamos aqui, e temos as nossas flores, podemos ajudar de alguma forma. Talvez, também, decifrando a poesia como sentido. Para além do gênero literário em disputa com a indústria cultural no contexto de uma realidade urgente, poesia como percepção de que o próprio tempo é a grande arte. O eterno improviso, que ganha forma e direção na visão e atuação do coletivo artístico Humanidade. Vertido em linguagem, entra na rede das ideias e acorda a consciência como uma medicina aleatória, realizando o desejo inconsciente pelo encontro entre o engenho e a sensibilidade. Poesia como mãe do nexo da melhor expressão das profundezas de cada um para interagir no mundo. A organização literária da vida, uma possibilidade que só aumenta conforme se pensa nela, abrindo caminhos na realidade, brincando de ser os alquimistas que estão chegando. Na leitura ou no silêncio, na impressão ou num arquivo digital, o poema ancora esse movimento. Na página, nos bytes, na voz ou no olhar, ganha espaço no tempo, dá seu impulso no desenrolar dos fatos e acontece no mundo. Por isso, de corpo e alma, agradeço aos amigos editores, colaboradores e leitores destas páginas, por darem forma e sentido a esse livro, *Lama de galáxias*. Com sua vibração particular, multiplicando prismas afins e entrando na rede para somar, em alguma medida, ao quociente de poesia pelos ventos dá o mundo.

Pedro Vicente

PoEMAS TRIoLHoS

Triolho

Olho central: o bufão sagrado suporta a ambiguidade
que derruba filósofos e revolucionários,
é um visionário que navega
com os pés em dois mundos.
A máscara da poesia e o rosto obscuro da evolução,
o nó que não se desfaz.

(porque)

Olhos 1 e 2: a magia mata e devora.
Mas negá-la é ser um triste funcionário das ideias.
É dela a tarefa de plasmar a experiência revolucionária
que concebe a nova sociedade.

Nariz: nada mais sobrevive ao cinismo
da sujeição pragmática,
deus, ideologia ou código moral.
A poesia é a única conexão com o invisível.

Íris direita: canta luz da melodia
Íris central: dançam lúcidas galáxias
íris esquerda: sombra luz silenciosa

Sorriso 1: algo que pinga do invisível
no olho que sente o movimento.
Sorriso 2: voa revoltada poeira de vulcão
na eternidade performática.

Boca: o paradoxo obscuro visionário evolui em ondas
no fundo infinito sem sentido senão a poesia
única porta do inexplicável

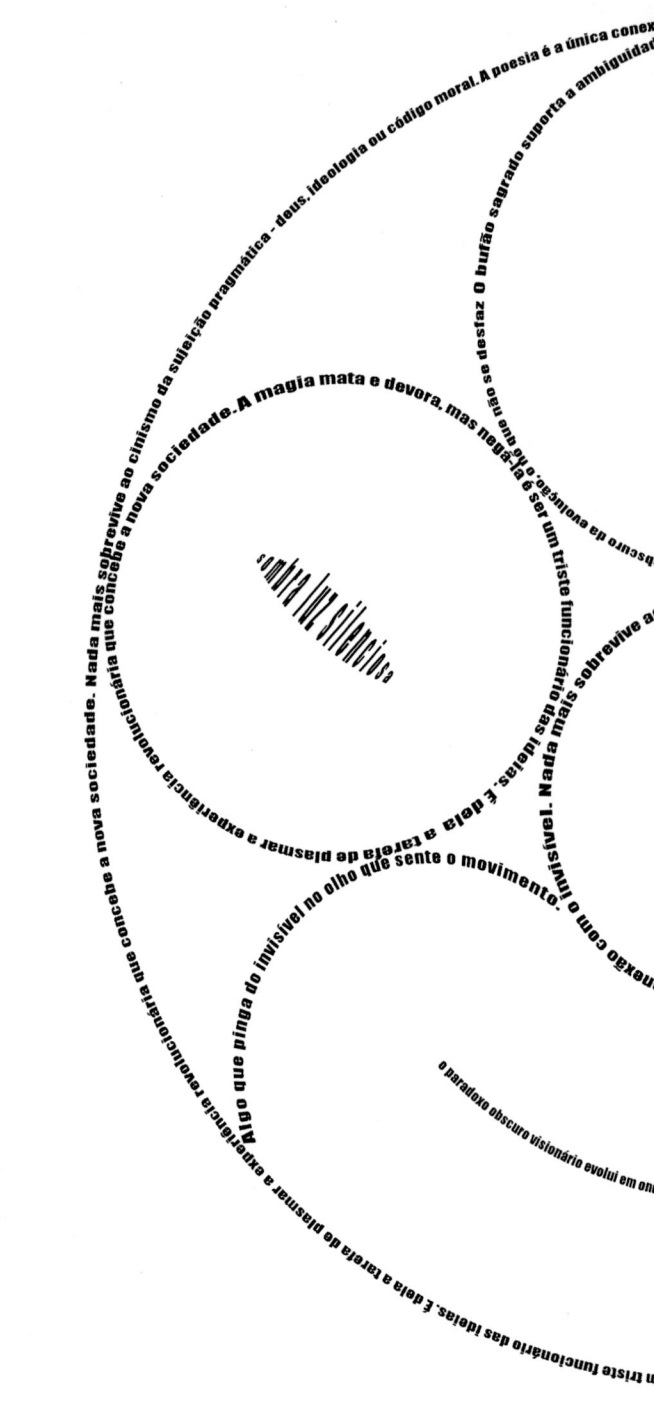

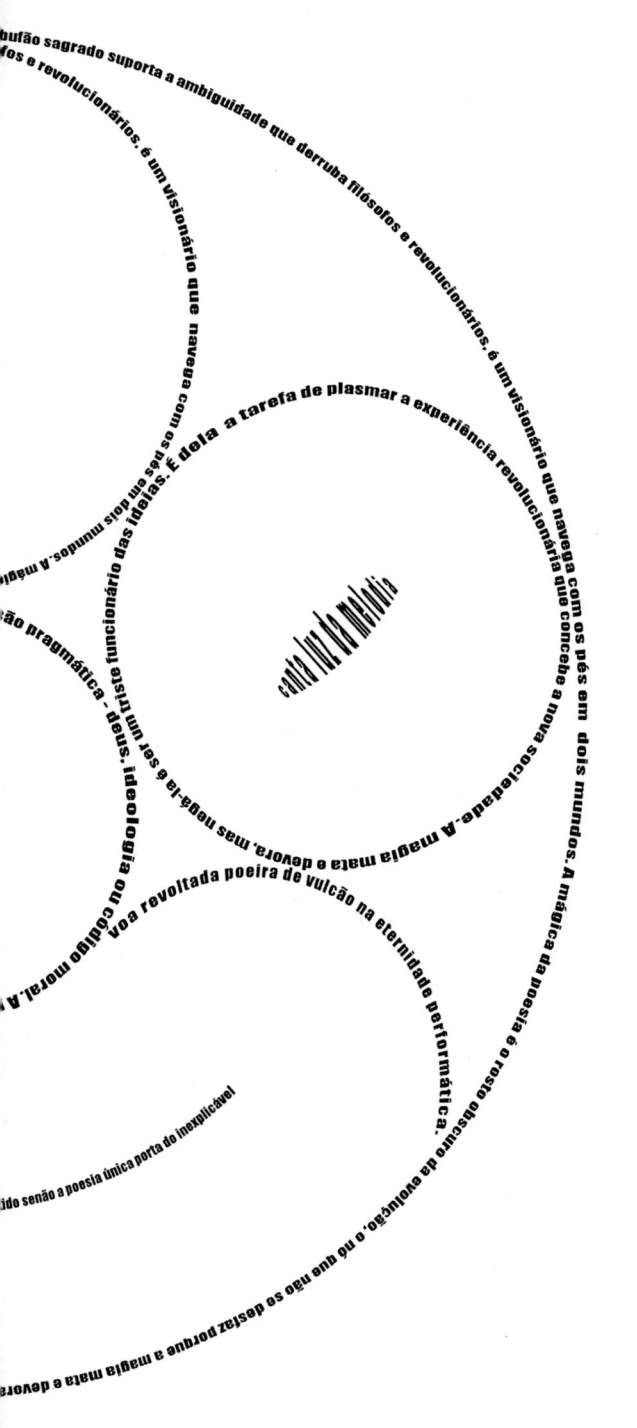

carlos luiz de medeiros

Vejalém

Respiro

Pela vista tríplice,
multiplica-se o nexo.
Pelo gosto complexo,
explica-se o índice
tão imenso
de tudo que é denso.
Por isso sugiro
simplicidade
enquanto respiro
pela cidade.

Sou

Aprendiz perdido,
o mestre diz,
eu contradigo.
Vago
ttranquilo e à toa.
E não há isso
ou aquilo.
Há
uma lagoa que espelha
o quanto sou natureza,
e nela boio,
sob o céu melado de nada
e de não,
meu coração.

Nunca

Enquanto vier sem cura meu amor devora,
minha lucidez amora que me enreda em teia
e me tece em línguas submersas,
enquanto em noite de alvo móvel no pulmão da rua
vinga a alma nua,
digo sem pausa em redemoinho:

Cobra, noite vaga, resgate luxo.
Faz o que resta
dessa efervescência rara,
dessa eficiência odara.

Silencia a interferência
nessa entrega à beira,
corações de lâmina alma.

Sua luz no fundo,
pele dupla e boca acesa,
seja o que flor,
como nunca,
como nuvens.

Laico

Duas fadas
dão risada num mosaico.

Chove,
e os sacos pretos na enxurrada são arcaicos.

Na praia,
caramujos gostam que a água caia.

Nas coberturas, rolam coquetéis.
Marujos cantam no convés.

O Sol aparece, aquece o planeta,
ilumina as borboletas,

o desejo provoca revoadas,
desaparece o nada.

Fonte inundante, desfruta
meu amor em disputa.

O prisma pincela o infinito,
passa a eternidade.

As fadas se enxugam,
os pingos no azulejo correm pro ralo.

Com certeza, a incerteza
faz muito mais sentido.

Luz

Sombraluz no vazio,
dança a vida sem filtros.

No vão dos azulejos,
ativada pelas pausas,
invisível nas espumas.

Sombraluz,
membrana,
te traduz:

Ímã da noite,
transe imanente,
ponte sobre corredeira.

Flor da curva delicada
na lente que transforma a imagem intacta
na fonte cristalina que mata,

liberta,
no efeito canino,
a palavra exata.

Anjos

Peixes, aquários, anjos, nuvens, peitos defeitos de nada,
contrafeitos na onda do ando indo e vindo,
na onda gioconda, riso dúbio clarineta.
Quero uma buceta e nego
a vulgaridade vulcânica das pranchas de surf.

Bela

Bela
a cabeça pendia
fazendo pingar sangue
no assoalho.
No quarto
a dama despia seu corpo
e o menino jogava
baralho.

Chão

Amalgamaldeia metropoluz,
harmonicaos irradiante
organicidadiamante

Nave

O amor é uma nave de música plasmada
e ela uma princesa de lágrima delicada
segurando a chave para abrir trovoadas
quando tocam os sinos do quase nada

o pavor é uma ave cósmica depenada
e eu um réptil da pata carbonizada
segurando um crânio que não vale nada
à espera da última badalada

há um caminho feito de encruzilhadas
e caminhantes de sombras apunhaladas
têm esperança de ver a virada

que fará justiça a essa palhaçada
presenteando a multidão desmaiada
com a mais grávida gargalhada.

Tudo

Fingindo-me são por neurose,
quebrei o vaso da flor venenosa

Na sala de mármore me cubro de uvas.
Transforma-se tudo.

As pétalas púrpura revoam na chuva,
e a multidão grita, muda:

"Por uma vida
 com bancos de veludo!"

Colapso

Pênis agressivos
procuram
vulvas flamejantes,
livres
de hediondas infecções.

Ondas:

Plásticos diamantes,
nada será como antes.

Anões tomam conta da tela.
Tristes línguas amarelas,
olhos injetados,
grandes pupilas.

Presente

acabou tudo e não há o que fazer
segue a correnteza doida
no rio de rochas soltas

tento a graça do paradoxo
mas o sol filtrado no plástico
mostra a eternidade que acaba
na fuligem submersa

quem sabe
no vórtice dos contrários
a poesia vinga conforme o caminho
inventando o rumo

a luz da lanterna
na mão do eremita
mostra o infinito
segurando o presente

Lama de estrela

Eu ignoro
o que faz um berro tão sonoro,
nem por isso meu grito
deixará de soar como a voz de um mito.

Eu me abstenho
da explicação do brilho do desenho,
nem por isso meu traço
deixará de fluir como um rio de aço.

Mas onde estão os anjos
se tudo sai tão opaco?
Quero comer a bunda de Baco!
Quero melar a ordem dos arranjos!

Quero que as ninfas se masturbem
ao se lembrarem de mim,
e que Pã toque sua flauta
rindo do meu triste fim.

Mas só porque ele não sabe
que rolarei morro acima
porque meu trajeto não cabe
no que uma vida piscina.

Quero rasgar todas as cortinas!
Quero beber toda gasolina!
Quero extrapolar tecnologias
numa espaçonave de melodias.

E quando chegar às galáxias
com as botas sujas de lama,
espero que alguma lágrima
escorra por minha fama.

Poemas d'amor

Encruza

Como um rio
fluindo no leito entre cheia e estiagem,
o amor é um caminho para a imensidão.

Como um figurino
devorado por traças ao longo do espetáculo,
é a porta da desilusão.

Como a eternidade a decifrar enigmas insolúveis,
vive uma encruzilhada
em cada coração.

Entre horizontes discordantes
minha bomba essencial lança estilhaços
como vida se acabando em corte fundo.

Então volto ao silêncio
no escuro da caverna,
onde escuto o sangue pulsando.

E sonho, atento, um amor indefinível,
que estilhaça o cálice e transforma a vida
num olho de furacão.

Gata

pela conversa que liga
o olhar que investiga
a semente lançada
madrugada na lata
desafio que instiga
coração acrobata

pela promessa do oráculo
pelo sutil espetáculo
pelos doces tentáculos
que minha alma pirata
sentiu nada abstratos
tática serenata

pelo improvável enlace
pela realidade que mata
pela poesia que inspira
a solução e o impasse
pelo destino que vira
toda paixão que arrebata

Inbox

pensei em como seria
ou como será um dia
se você fosse só minha
sacerdotiza e rainha
se fosse minha vadia
e eu seu comparsa
sem drama nem farsa
só eu e você
só pro mundo entender
como é que se ama
do cosmos à cama
como é que se chega
no amor que não nega
no amor que não cega
amor que se firma
amor que se afirma
e que traz a vidência
e a total consciencia
de que antes e depois
só existem porque agora
existimos nós dois

Dádiva

enquanto você reluta
meu coração balança
eu aponto minha lança
sonho morder a fruta
num passo de dança
sem dor nem limite
ou qualquer segurança
no abismo criança
do amor imperfeito
uma deusa de trança
toca o meio do peito
de quem tem confiança
no sereno deleite
e recebe de herança
a pegada perfeita
quando rompe e avança
pelo rumo estreito
não vacila nem cansa
nunca vai contrafeito
até toda esperança
transformada no jeito
na perfeita aliança
se consuma no leito
e a vida mais mansa
seja simples enfeite

Cogumelo

construo castelos
de luz-violoncelos
transcendo os apelos
sonhando cabelos
desejo assiná-los
com dedos de zelo
mas olhos-duelos
na dor se rebelam
ocultos libelos
gemendo novelos
tecendo querelas
parindo atropelos
até que uma estrela
cristal se rebela
trazendo à capela
o canto degelo
queimando flagelos
qualquer pesadelo
então caravelas
e mundos singelos
despertam os elos
que tudo nivelam →

a mim remodelam
e a vida mais bela
reluz sentinela
minha alma cinzela
e o sol amarelo
à morte debela
o infinito revela
suave aquarela
em tudo que falo.

Portal

Sua boca
beijei como se cruza um portal.

Seus olhos,
como a luz de um farol,
me varam
na eternidade louca
dos desertos de sal.

Me viram
no encaixe do quebra cabeças,
como fonte de mel.

Palavras desenhistas
saltam de aviões prateados
em paraquedas canções,
parafernálias diamantes
navegando risos,
como perguntas receitas
e respostas colheitas.

Onde esse rio desemboca?

No som transcendente que sai da sua boca

Midas

No encontro das peles,
dança a eternidade.

Água mãe,
inunda flor preciosa,
lava cor de rosa,
transforma em pedra
a haste para o enlace.

Faísca, incêndio,
o grito explode o néctar,
molda o enigma:

Qual o motivo da vida
senão a morte de cada instante?

Beijo

Doces,
perfumes, pernas
e tudo mais.

Formas eternas,
roupas de baixo,
tudo em cima.

Palavras,
línguas,
e um prato de suspiros.

A flor delicada
e a gema preciosa
no êxtase que não acaba.

Cada suspiro um Big Bang:
Insácia e Eufódilo
se amam.

Mergulho

Liberta e incendeia,
flecha de cupido,
mergulho em maré cheia.

Sei que tô rendido,
preso em mar aberto,
sol da luz alheia.

Luz-castelo-de-areia,
soma na onda certa
meu coração latido.

Gotas

palavras dizem gotas
do oceano que eu sinto
quando você me pilota
na luz do seu labirinto
ou se você me esgota
eu ressuscito faminto
na felicidade que brota
do seu precioso recinto
luz que me indica a rota
do paraíso indistinto
minha devassa devota
bebo como vinho tinto

Romance

O amor tecido na rua da mente
zarpa leveza natureza extinta
princesa nua delicada tinta
inala o pó clarividente nó
na exata noite do infindo corte
se consumindo na florada nata
dona da mata labirinto nexo
fazendo sexo no sagrado leite

Labirinto

Caminho atento no labirinto do amor por você.
Desenho e incenso uma contra-dança indolor com você.

Deixo, a cada passo, um fio de ouro pra lembrar
quanto me desfaço no vapor do seu olhar.

Pureza rara na noite escura tem valor sem querer.
Descaso sério, gentil mistério, têm valor sem querer.

Pétalas compõem o labirinto de cristal
quando se compõe nosso pecado original.

Desfaço tranças, disparo lanças, pensamentos de adeus.
Me pacifico, me retifico na esperança dos seus

beijos, oceanos, universos siderais,
asas que me levam à eternidade do jamais.

Escalo o vento e esqueço o tempo vendo o mar balançar.
Sinto no peito o mesmo movimento, meu amor
                                          [balançar.

A tranquilidade é observar a transformação.
A eternidade é o amor no coração.

Gavião

Quando o gavião sobrevoa o caminho,
mostra o segredo das chaves do amor:

a chave dos sonhos e devaneios,
das conversas e troca de ideias,
poesia em silêncio e riso sem freio;

a chave do afeto e da lágrima doce,
do brilho nos olhos involuntário,
da cumplicidade por fosse o que fosse;

a chave do fogo que brinca e não queima,
da força divina na forma de um beijo,
do êxtase leve como guloseima;

E o jogo das chaves são palavras mágicas
que cada um só descobre sozinho.

Os olhos do pássaro professor,
refletem a chama do ponto mutante,
a luz e a sombra, o nada e o amor.

No caminho da terra sem males,
os peregrinos decantam a paz,
e as flores aguardam que o coração fale.

Pipoca

se precisar, chama
acendo tua chama
arrumo tua cama

tá com pressa, sente
como chego rente
te lambo os dentes

se é pra logo, grita
não te limita
só não me irrita

se é pra sempre, luta
finda a labuta
bebo da fruta

se for rolar, vamos
já que amamos
já que mamamos

ou desbaratinamos
como os baianos
e os curitibanos →

só não desaparece
aceita minha prece
sente o que cresce

come minha pipoca
beija minha boca
sua loca

Deserto

saudade da tua vontade
de perto
bondade de tua saúde
desperta
princesa da minha verdade
liberta
suave tua majestade
me acerta
desejo tua preciosidade
aberta
distância não vai afetar
essa oferta
só quero teu além mar
descoberto
desejo ilusão impossível
me mata
não quero seguir me virando
deserto
sem tua cumplicidade
desperta
não sei se consigo seguir tão
incerto
só peço ao destino meu senso
por perto
o dom de manter o coração
aberto.

Segredo

De manhã, uma prima
Um segundo
Um terço,
Um quarto,
Uma cama.

Para sempre um segredo no espelho:
um ovo em pé
no café.

Vinho

Domingo de manhã,
minha tia de sutiã,
no chão da sacristia,
beijando o cálice,
girando a hélice,
comendo hóstias e miando
hinos divinos.

Por todas as teclas do órgão,
em nome dos filhos, da mãe
de todos os incestos:
amem!

Poema

Fim de semana no campo,
ela veio acompanhada,
mas o consorte sucumbiu
aos vapores de um barril
e a filha do poeta
ficou a ver navios.

Ao sabor de substâncias,
acendeu alguns pavios
entre amigos e tios
que não queriam nada
senão vê-la abandonada
a seu êxtase viril.

Reverenda do amor,
foi na torre da igreja,
não longe da piscina,
o escolhido agraciado
pelas carícias divinas
de um poema encarnado.

Desde então eternizado
nessa memória dissoluta
por gratidão absoluta
à obra prima do poeta,
pela sagrada ousadia,
e a maravilhosa buceta.

Epílogo

você desperdiça
o desejo que atiça
em quem te cobiça

amor inteiriço
te beijo maciço
mostrando serviço

faço golaço
de pinga no espaço
só quero seu laço

se quer compromisso
do insubmisso
coração movediço

temo o sumiço
da sua delícia
por minha imperícia

amor vitalício
não chama a polícia
vem deixar disso

sua nave aterrissa
minha ave se eriça
eu rezo sua missa

Alguém

Sou nada,
não importa o que digam as fadas.

Sou foda,
não importa ser fora de moda.

Te amo,
não importa o que diga eu mesmo.

Te esqueço,
não importa se caio no abismo.

Destruo
como dá, navegante egoísmo.

Construo,
com lágrimas fora de hora,

o que não entendo,
o que está por vir?

O que será do mundo?
O que me faz sorrir,

quem sabe?

Não eu, mas alguém
há de saber no além.

Canivetes

Choveu canivetes,
fraturas fractais,
palavras facões.

Nada a dizer.
Nostalgia da ilusão,
no limite, tanto faz.

Quanto tempo dura
o momento em que tudo vive
no campo das possibilidades?

A chuva da vida,
os gatos feridos,
o som dos encantos,

No balanço dos planetas,
somos ondas distraídas,
desmanchando castelos
nas areias da ampulheta.

Réquiem

Pisei na bola.
Mostrei a craca
macroscópica da sola.
Violência de boiada
com a flor mais delicada.

O vaso quebrou, ela sumiu,
eu fiquei procurando o sapato,
senti os cacos me furando a carne
misturando sangue e lágrimas.

Nunca mais!
grita o corvo na janela.
Sei que vou morrer sem ela,
mas não aceito.

Como pode um amor assim
sumir no breu?
Como pode não mais
você e eu?

Talvez não possa,
porque algo só nosso
o universo adoça. →

Eternidade não se extingue.
O que nos bambeia as pernas
são maravilhas eternas.

Santo delito,
prazer sem limite,
amor dinamite,

do alto e do fundo,
precisa que o mundo
caiba em si por inteiro.

Mirando a morte
vejo minha sorte:
Toda fúria feminina
é a graça da vida
zelando pelo destino.

Se esse amor sobrevive
é num próximo grau,
pra surfar de galáxia
sinfonia imortal.

Fim

Uma palavra relâmpago,
e a dor de ser carrasco
de quem merecia um altar.

Na ausência, a hemorragia.

Se matasse, o arrependimento
seria meu horizonte.

Se adiantasse chorar pro vento,
eu seria fonte.

Pedi perdão à cachoeira,
à guardiã das jardineiras
pedi alento e calmaria
no coração da flor distante.

Era tarde para anular
o verbo faca,
ou para fechar o buraco
aberto pela cegueira.

No vazio do corte abrupto
meu coração corrupto
rolou a ribanceira.

E me vi, enlameado, perguntando:
e agora?
era amor e foi embora.

Série

Meu melhor amor,
minha melhor morte.
Série de sucesso na vida,
oitava temporada.

Na solitária invisível,
garimpo a ilusão do alívio,
lambendo o pus do nada.

Os fãs especulam a reversão dos destinos.
A produção avisa: não vai ter sequência.

Só um sentido para a tragédia:
um lapso de poesia.

Febre

Sonhando, me encontro longe
do meu destino trágico,
enquanto você me desmonta,
eu monto seu cubo mágico.

No paraíso do encaixe,
surfamos na amplitude,
pétalas-plenitude,
big-bangs diamantes.

A lâmina dos segundos
corta tudo mais profundo,
o amor vira serpente
pelas capelas da mente.

Na calma da eternidade,
acordando, me dou conta
das estratégias da alma
me gritando sua ausência.

Febre que me atropela,
sigo acendendo velas,
tenho a pistola pronta
para qualquer emergência.

Será?

Será que você intui,
quando quieta no escuro,
o quanto não te esqueci?
Talvez quando releio,
pensando se te procuro,
a carta que te escrevi?
Será que funcionaria
te querer novamente,
como um dia me atrevi?
Será que eu te amaria
como acho que te amava
até que me convenci
de que era a dor da perda
que iludia e torturava,
e por isso desisti,
mesmo correndo o risco
de que aquilo me lançasse
ao abismo em que morri?
Ou assim te deixo arisca,
quando até talvez rolasse,
numa noite por acaso,
beijos sem expectativas
que fariam nossas bocas
grávidas do impasse?
Se você ficasse louca
só de pensar no enlace
já me vejo em carne viva. →

Mas perguntas e respostas
na verdade importariam
se por isso eu despertasse
do que talvez não passe
de sonho nascido à sombra
do meu coração à deriva.

Medusa

Palavras medusa
me fizeram pedra.

Da montanha do sal de lágrimas,
ouço o chamado da promessa abandonada,
à espera,
no mármore da estátua.

Mas as estrelas se movem,
as musas trocam a maquiagem,
e a joia da eternidade
reluz no silêncio, compondo
a sinfonia do esquecimento.

Poemas irritados

Delito

Pulsa, camuflado na brisa do êxtase,
um delito da natureza.

Devolve, nu,
dialéticos bólidos em cachoeira mortal.

Sem tranquilidade no leite da noite,
surfista eternidade beira morte.

Cada filho de sangue da galáxia
introjeta redenção distópica.

Vinga o veneno, golpeado pela nuvem,
queima a mata preta infectada.

Resta a correnteza brava
afundando cordilheiras.

Flutuamos, microcósmicos,
náufragos da confiança.

Astronauta

No sonho
um astronauta no espaço, com um crânio na mão.

Ou questionando as razões do mundo,
ou buscando o nexo inexistente,

se quer vingança quando abre os olhos,
não sei dizer.

Flutua no vazio
esperando chamas, rendido no silêncio.

Na mão, o universo
e os ossos de uma cabeça morta.

Na mente, a questão perfeita
desintegrada quando sai da boca.

Para redesenhar o cosmo
colhe sonhos esquecidos.

A transparência do nada é seu escudo.
Sua sina, a consciência que transgride tudo.

Jukebox

Travesseiro jukebox
dos afetos em fúria
do bom senso de férias
e por aí afora
no cimento do agora
nos blocos do tempo
nos plots do trauma
até de manhã
no começo do dia
revelando a harmonia
em sol com sétima
quando enfim adormeço
e sonho com N. Sra. de Fátima
me acordando.

Espelho

que eu sinto quando olho no espelho e fico buscando alguma coisa que me causa a solidão e a decisão que eu tomo quando me encontro foco no centro e encontro o sentido que me move compõe a realidade definida no encontro da liberdade com a matemática do caos que tudo me apaixona quando percebo que meu coração suspeito de tudo menos

Banquete

Andei errante,
amei cantante.
Se fui amado
foi pura sorte:
lancei meus dados
mirando a morte.
Se fui traído,
também traí.
Fui esquecido,
como esqueci.
Em cada porta
entrei, saí.
A quem importa
o quanto vi
não me compete.
Nesse banquete
quero seguir
até que a morte
faça seu corte
e me arremesse
lá onde aqui
ninguém conhece.

Flores

Nem tanto tente truques traidores
que lhe trarão dores no peito
e flores.

Nem nunca me trate
como outra coisa
senão uma doce
e sangrenta ferida,
eterna despedida
nua.

Deixe pra lá,
talvez,
o bonde que passa.

Quem sabe,
incolores signos
dignos,
elos sutis e cais chuvosos
resolvam o caos.

Falas

Falemos falhas e feitos:
filhos e peitos,
falos, vaginas.
forças e forcas.

O silêncio que diz tudo,
o que não fala o mudo.

Falemos felizes ou trágicos
da melancolia mágica
da poesia antropofágica
da pureza possível
da certeza impossível
da dúvida imprescindível.

Falemos sem dó,
mas com calma,
com amor ao pó,
com amor à alma,

fluindo a vida montanha abaixo
como onça no riacho depois da caça.

Falemos dessa dor que não passa
e dessa brincadeira estranha
no fundo, cheia de graça.

Éter

Agora mesmo é o infinito.
Você, lendo isso,
sempre esteve aí,
antes e depois de tudo.

Mas isso também passou,
a eternidade já não é mais o que era.
Segue transformada, como nunca.

Cada respiração experimenta a morte,
amando o presente como se amam detalhes
de um filme preferido.

A consciência se divide,
cada parte é um tudo à parte,
cada fractal, uma obra de arte.

Soma de sina,
aventura e missão,
fluxo em dissolução.

O corpo é um cinema,
de nove portas,
numa sessão de carbono 14. →

A alma é da galáxia,
com seus portais,
num labirinto que engole o tempo.

O sentido é a fome de experiência
do Amor desafiando a si mesmo
num teatro de sombras.

Sumo

Somos a soma,
manos e manas,
mônadas,
sumos sinônimos,
Budas anônimos.
Mudas munidas,
símios ou Midas,
somos semínimas.
E sumimos
na soma dos nomes,
como fonemas,
súmulas múmias.
Ou semeamos,
lentes amantes,
mentes solares,
entes presentes
rumo a Antares.
Almas que sentem
lume nos ares,
lamas que emanam
amor gasolina,
dom cristalino,
flor serpentina.
Somos bilhares,
somas singulares.
Pilotamos teares
das teias da vida, →

como dançarinas
dominando bares,
cruzamos destinos
pelos sete mares
navegando no rumo
do supra sumo.

Gripe

Venta pela porta.
Não importa,
você não via meu tormento
suculento
quando eu pedi ajuda,
ficou muda,
me deixou seguir adiante,
louco triunfante,
a me dar chicotadas
e a gritar, calado,
palavras irritantes.
Mas nada, agora, será como antes.
Vou pegar uma gripe
e seguir com ela
para outra trip.
Abra a janela!
quero morrer de pneumonia!
Ver como é
morrer sem fé e continuar de pé.
É agora!
O vento uiva lá fora!
Adeus, mortal!
Faça bonito, fique legal!
Um beijo, infectado,
meu amor, ainda assim.
Diga sim
e a gente se encontra no inferno.

Nada

Não falo,
balbucio,
quando estou
no ciclo
nocivo.

Não vivo,
subsisto,
quando, no cio,
aconteço estar
comprimido

no nada.
Quando a cada
minuto
um motivo de luto
me atravessa.

Não paro,
ao contrário,
escuto
minha correnteza,
navego.

Pra tanto,
de tanto
em tanto,
uma brisa de encanto
se acumula num canto
e eu canto.

Soneto

Serei, eu, um poeta
sob o enigma da existência?
Ou serei um vero poeta,
da poesia por essência?

Essa dúvida me aniquila,
versos correm para ilustrá-la,
mas não sei agora se devo cantá-la
ou mudar de assunto e atribuí-la

a um conto inacabado que li
a alguma coisa que comi, ou
outra coisa qualquer que vi.

Sei que agora me basta aqui estar
e a isso feliz poder cantar.
Mesmo sem ser feliz e sem cantar.

Lenço

Me sinto,
e me sento na cadeira.

Não sei se devo escrever sobre mim
ou sobre as cores do perfume.

Pergunto à pluma:
Diz a distância tanto
quanto o cio do silêncio?

Quem sabe é um lenço voando no vento.

Sou improviso na madrugada infinita,
vivo na asa do vagalume.

Estou, no momento, à deriva,
moro no sonho do eremita.

E não sei o que foi
ou o que seria,

sei que me sento
e me sinto na cadeira.

O resto
resta.

O jasmim
exala seu perfume de qualquer maneira.

Vacina

Seria um sábio remédio
a guerra atômica,
usada como vacina,
se enxergamos a vida orgânica
como um tumor
no universo que é um corpo
leve
de menina.

Revoluções, fome e cultura,
medo e discussões filosóficas
dentro do seu corpo,
bem menor que um elétron.

Os anticorpos chegam,
um dia,
e não sobra nada do que vemos,
nós, que já o somos,
antes de tudo,
nada,
às vezes nem ao menos.

Quem sabe?

Como iríamos condensar uma brisa indefinida,
soprando na superfície do mar da vida,
num objeto desejável como arte ou terras produtivas,
mãe de frutas e virgens à espera de convivas?

Impossível! qual demente inconcebível tentativa!
Mas, quem sabe? Se tentamos de maneira ativa,
brisa leve, milagrosa ira, temperada pelo dom de Midas,
revela toda Luz Divina, pelos véus do mundo diluída.

Brisa

A fumaça me atinge,
danço na trança da esfinge.

O lampejo me unge,
bebo da fonte mais longe.

Peço a renúncia
para que haja constância
na vida una,
plasmando o sentido;

O impasse é a musa,
dona do abismo e
das notas da música.

Sendo preciso,
explosiva é a sorte
de quem vê e se une.

Sendo conciso,
a resposta para o que não se pergunta
chega na hora da morte.

Agora, na minha insônia
um mosquito zune,
e não sei nada daquilo.

Mas sei de quem sabe,
meu coração intranquilo.

Epitáfio

Aqui jazo,
vendedor ambulante
de palavras cortantes.

Se a vida estimula,
crio frases chulas.
Nunca leio bulas.

Morro a cada dança
não sem esperança
de seguir numa festa

pelas pistas do outro mundo,
entre anjos vagabundos,
limpos ou imundos.

Morto, vivo renascido,
vivo, sempre morrendo,
como espectro oscilante.

Preso neste ciclo,
dores eu reciclo
pela lâmina dos séculos. →

Mas um dia tomo tento,
encontro o momento,
vingo o sentimento

e lanço o improviso:
quero plantar no escuro
sementes de paraíso.

Solto

Fase alta, voa solto.
Irradia o fluxo,
da fonte ao reflexo.

Fase baixa, solta os bichos.
Muda chave, vira tudo,
vira nave, mira o nada.

Parte, chega, volta, vai,
na costura da vida.

Pelos rumos, pelos tesos,
pelos ramos por onde remamos,

nuvens errantes procurando terra
para chover em cima.

Entre planos paralelos
brotam matas e flores,
lagos e trilhas. →

Vagalumes
pintam a noite escura da alma
de alguém que atravessa o redemoinho.

Depois,
o sol na pele,
a brisa redentora
e o amor tranquilo
do impossível.

Poemas políticos

Manifesto ultrágico

O momento é trágico
desde a morte dos valores que domam a ganância
esmagados pelas patas de um poder sem restrições
numa dinâmica que se retroalimenta no caos
da submissão geral a um instrumento de troca
que pretende valer mais do que a vida de quem troca.
A inversão dilui a perversão na teia das relações,
a morte das multidões escancara a doença no poder
e nada mais faz sentido além da tragédia.
Ao mesmo tempo não é nada disso
e tudo pode fazer sentido
na opção do amor geral por tudo e qualquer coisa.
Mesmo agora no pior cenário possível,
desarmar a tirania amando cientificamente
tudo que acontece:
do divino e maravilhoso à dor, à revolta, ao repugnante.
Amar até o que destrói quem ama. Até o que se odeia.
Amar o próprio ódio como antagonista funcional
no teatro da existência.
Amar essa tragicomédia sobre tudo que foi,
o que é e o que vai ser,
imunizar a eternidade com o prazer do amor.
Porque amar o que não dá pra amar é a liga
que une o que é com o que não é
para dissolver os polos e integrar o paradoxo.

É um convite à libertação pela chave do prazer:
quem é da vida, que viva!
Quem é da morte, se resolva,
porque só importa o que entusiasma.
Qualquer coisa na grande bolha de sabão da realidade:
do tiro à bênção, do santo ao crápula,
tudo que sustenta a membrana colorida.
Dor, prazer, verdade, ilusão, vida ou morte,
tudo vale o êxtase, a alegria, a loucura, o espetáculo.
O bem, a verdade, a justiça, ou o contrário,
vale a coesão do drama, a beleza de cada possibilidade
se concretizando na linguagem da vida,
obra do coletivo humano.
Tragicomédia das multidões
sequestradas por sonâmbulos,
convidando à busca do que parece impossível
nos olhos maravilhados para o equilíbrio das pétalas
no paradoxo da consciência,
inspirando honrar os milagres sugados
pelos gargalos do mundo
com o coração aberto e firme no prumo da integração

Pandêmia

um tempo de luto
um tempo de luta
viver sem um puto
revendo a conduta
lidando com o fruto
do mal que executa

se vida é produto
que não se computa
se tempo é tributo
à eterna labuta

seja o Absoluto
que tudo transmuta
nosso salvo conduto
nessa terra em disputa

Luto

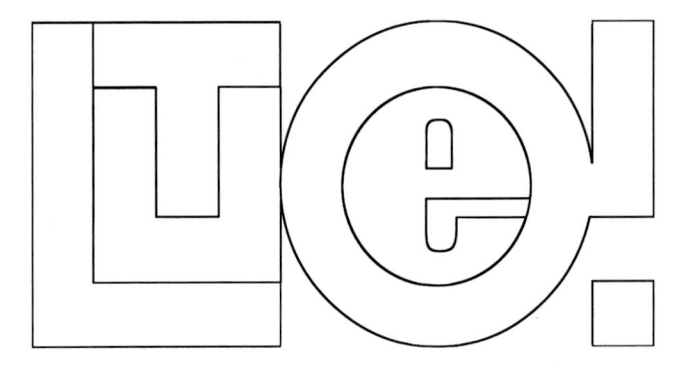

Nexo

De luto na luta.
De preto sem prata.
De fato no afeto.

Dê frutos.
Deglute o veneno
transformador.

Degola o ditador.
Destrói a imagem
do homem comum,
do sujeito algum.

Encontra o nexo
o éter do sexo.
Agora renasça.
O que for, faça.

Estarreça.
Mostra a que veio
a casca e o recheio.

Aciona o deleite
antes que se deite
a princesa na cama. →

Antes que essa trama
te congele
num mundo sem pele.

Antes que a política
te cancele.

Deriva

Como se acende o pavio
desse povo dinamite
pra derrubar essa corja
da ganância sem limite?

Mesmo nessa queda livre,
nessa nau tragicomédia,
comungamos à deriva
o que resta do princípio,

reunidos no desejo
de um jardim onde se habite
todo mundo que respira
na poesia sem limite.

Vagamente lanço chamas
nesse crasso melodrama,
queimando subprodutos
do egoísmo absoluto.

Amo até os inimigos,
nossa parte mais distante,
opostos do mesmo umbigo,
trágicos diamantes. →

Eleitos pela mentira,
matam arte com cinza
assassinos de grafite,
fazem o mundo ranzinza.

Não passarão pela porta
quando tudo no planeta
se ligar no quanto importa,
cada simples borboleta.

Suspeito

Me comprometo
sem comprar treta.
Não sigo a dieta
que sabota a ampulheta.

Quero as negociatas
banidas do mapa.
Quero as lulas livres
em oceanos sem plástico,
sem nunca temer o golpe
do grande irmão fantástico
que manipula e mata,
triste psicopata.

Toda moral esfarrapa
toda conversa é no tapa
quando se rasga a aorta
quando se chuta a porta.

Como se desintegra
a pata que nos achata?
Como se reintegra
o mapa que nos conforta?

Que mapa? Que mundo?
Que gente, que nada!
Será que isso importa
pra humanidade morta?

Aqui não tem essa
de que o bem vence o mal,
aqui o mal ri quando lê o jornal.

Há quem cuspa no leite
há quem roube a colheita
nessa onda mundana,
nessa crua gincana,

Mas a fé não decai
porque tudo é desfeita,
coração com defeito
se cura com haikai.

Filhos da mesma lama,
línguas da mesma chama,
do sem teto ao sem drama,
do que odeia ao que ama.

Inevitáveis emissários
do destino e do mistério,
na vigília, na labuta
na paz e na luta,
conforme a coesão,
no tempo em decomposição
criando condições
para estranhas soluções,

na filosofia do fluxo
do caos ao nexo,
da luz ao reflexo,
do simples ao complexo.

Porque o amor é perfeito,
merece respeito,
não que se aborte o pleito,
não que se calem direitos.

Quem descansa em paz
não caminha entre nós.
A medida da sorte,
só no dia da morte.

O caminho é a esfinge
habitando o sujeito:
o suspiro do monge
ou o fogo no peito?

Sistema

Greve geral
ninguém trabalha
ninguém faz nada
nem os canalhas.

Nóia geral
ninguém duvida
ninguém desfruta
só bem de vida.

Como seria
ninguém na rua
ninguém na luta
a culpa é sua.

Como que pode
ninguém tem como
ninguém se mexe
só cromossomo.

Pau no sistema
ninguém mais triste
maldade extrema
ninguém desiste.

Desaba tudo
Ninguém escapa
Ninguém flutua
fora do mapa.

A ver

Por pouco não me retiro,
esqueço a cura e piro,
antenas não resolvem e já nem quero
antônimos regendo desespero.

Caíram asas, caíram pontes,
já dava pro mundo ter segurado as pontas.
ninguém responde o que não se pergunta,
Já era, irmão, civilização defunta.

A ver no que dá pisar nesse lodo.
Fé em Deus e que se foda,
nesse tempo sequestrado,
desinverter o anunciado.

Vinho áspero imortal,
professor desumano
no manejo do arsenal
pra encarar o desengano.

Onda

Eu menino arriscava onda grande.
Quando pegava, eram segundos
voando no sal da eternidade.
Quando caía,
me perdia no turbilhão das espumas.

Olhos fechados, sem controle no estouro da água,
protegia a cabeça, rendido ao vórtice caótico.
Na fúria do infinito encontrando o limite,
seguro na generosidade do mar,
desafiava as areias.

A natureza cuidava.

Hoje, a onda quebrando é outra.
Sequestra multidões com a tecnologia do controle,
mãe do pesadelo agora.

Pinta a consciência como corpo estranho,
solto na violência da onda quebrando,
mas não é.

Na escolha do gesto se define a sequência dos fatos. →

Cada olho, uma ilusão, pra quem não se dá conta
de que a rede é o ponto, e o ponto é a rede.

Quem sabe, a maré do colapso
seja alquimia no coração do menino.

Troco

Pisei no freio devagar no sinal fechado
numa esquina povoada de sem tetos.
Não fechei o vidro por ilusão de liberdade,
mas assustei quando um deles chegou perto
e apoiou na janela antes de dizer:
Ninguém é tão inútil que não tenha medo,
ninguém é tão medroso que não tenha coragem,
ninguém é tão ninguém que não precise de ninguém
como eu preciso de você agora.
Me dá um trocado?
Eu só tinha uma nota grande,
ele foi rápido: Tenho troco.
Quase nada, era o preço do poema.
Eu dei tudo. O sinal abriu
garantindo a incerteza.
E a voz do poeta foi comigo,
como uma faca no meu pescoço
acordando minha consciência
para o compasso do mundo.

Verdades

Normalmente, a verdade
se prefere embaixo do tapete.
Tropecei em algumas,
levantei, sacudi a poeira,
dei a volta por cima.

Difícil acreditar
que alguém diz a verdade
quando, na situação,
você talvez mentisse.

Ou criasse atenuantes,
esquecendo a matemática
do que se soma à verdade,
subtraindo a verdade.

É libertador, mas arriscado,
falar a verdade em tempos agudos.
Para evitar casos graves,
só mesmo fazendo graça.

Porque o contrário do falso
pode ser o verdadeiro,
mas o contrário da verdade profunda
pode ser outra verdade profunda.

Para aquelas que só cabem
numa boa palhaçada
vale um bom plano de fuga,
caso a multidão não goste
da verdade que não desce a goela.

A mais crua é a verdade nua,
vestindo grifes para se cobrir,
sem qualquer talento pra moda,
gosta mesmo de andar pelada.

O perigo é aquela mal intencionada
mais forte do que qualquer mentira:
o melhor jeito de fazer alguém de idiota
é dizendo a verdade.

Mesmo assim é libertador
até quando não se encontra,
só procurar já libera alguma frente.
Só perder uma ilusão
já torna mais inteligente.

Só recomendo aos bem intencionados:
cuidado, porque quem diz a verdade,
cedo ou tarde, será desmascarado.

Poemas preces

Arte

Desejo que liberta e incendeia,
desencadeia o mergulho de asa aberta.

Prazer do infinito dissolvendo o limite,
castelo de areia morrendo na onda.

Transe do rompimento, coração do mistério,
mãe da consciência.

Criança divina tocando o baile, desenhando no ar
o voo do inseto louco.

Ilumina o palácio da alma,
a cada movimento
compondo o quadro cotidiano,
criando o nexo.

Na intenção do gesto
e nos fluidos trocados na prática,
toda consciência é parceira na arte,
bússola da liberdade.

A vida é a mídia final,
uma performance
do coletivo artístico humanidade.

Decifrar a poética desse espetáculo
é o único sentido.

Farol

"O homem sonha, a obra nasce!" -
Pessoa. Poesia ou ciência?
É a imaginação a matriz da realidade?

A imagem dos sonhos, um farol
na travessia para o concreto?
E a dos pesadelos, iscas
para as armadilhas do jogo?

Sonhos e desejos, pragas e pesadelos,
entrando pelos sentidos,
abrindo caminhos no mundo,
para vir à luz no espelho da vida?

Nesse caso, pergunto:
Como será qualquer coisa se tudo der totalmente certo?
Já pensamos nisso?

Tudo existe no caos de sempre,
pai e mãe do que se define.

Por isso insisto, como será a melhor versão de tudo?
Como se imagina o melhor possível de cada coisa?
Nos melhores sonhos, como seria? →

Só isso interessa,
pelas esquinas da teia, o que as pessoas sonham
é o que vale a conversa.

Nos sete mares do tempo,
sobre a rocha de uma tartaruga,
o farol gira sua luz
tecendo a rota da nave.

Convite

Nesse convite
à poesia que nos levite,
navego em mar aberto
com o leme incerto
da perfeição inconsciente:

Cuidar do outro, manter a pureza,
irradiar o amor da mãe Natureza.

Tão simples convite,
pode soar docemente
ou explodir, na mente,
sutil dinamite.

Cada escolha, uma cota,
um passo dado.
Cada gesto um lance de dados.

As lâminas seguem ferindo a carne desacordada,
o vento que leva o barco, o mesmo que espalha o fogo.

Para conter o sangramento, resta o amor intransitivo,
dono de tudo que vive, costureiro do tempo,
professor da gentileza, compositor da firmeza. →

E já não somos ondas distraídas
desmanchando castelos de areia
pelas dunas da ampulheta.

No balanço dos planetas
somos livres,
resgatando a irmandade
como único sentido.

Rio

No curso das esferas,
segue a eternidade.

No canto da mata vem o rio,
dando luz às maravilhas.

Nos olhos do falcão, na pele da serpente,
no voo dos insetos,
nas placentas do futuro, somos células
das orquestras do vazio.

Por amor ao caos, navegamos, submersos,
as águas do enigma.
Por amor ao nada, dissolvemos o
estigma, revelando o reverso.
Ocupamos as dunas da incerteza, preferindo a poesia.

No valor da experiência vemos o sentido.
Na guerrilha do amor, aqui agora,
mesmo atingidos, chegaremos
ao chamego das deusas.

Coroa

Às vezes,
uma serpente coroada aparece e traz a cura,
mas o medo humano traz a morte.

Num voo de pássaro ela renasce,
abençoa o passado e se instala
no mistério do sol no centro da terra.

A flor é a cabeça, o corpo é o falo,
o bote é a coroa cuspindo veneno,
a pele é a riqueza, que, na troca, regenera.

A língua dupla é o coração de asa aberta.
A coroa é um capricho da eternidade,
o presente de cada nunca.

Nesse caso, somos todos
metamorfoses aleatórias, num esquema
de possibilidades limitadas, e ainda infinitas.

Cada palavra, uma vida.
Cada lance, um agora.
Cada gesto, uma dádiva.

Vivo

Agradeço a vida como um talismã,
e o ar que me dá voz para abençoar o caminho
que me faz amar quem eu sou
na alegria de poder viver no fluxo
da abundância e da gratidão pela experiência
de ser vivo no presente.
Livre para a alegria de fazer escolhas,
guiado pela intuição da sabedoria
rumo às fontes de riqueza e plenitude.

Amo os encontros que abrem portas
pra tudo de bom, naturalmente,
como bênçãos de amor inspirando a fluência
do poder criativo na poesia do tempo.

Sinto a simplicidade na complexidade,
fluindo o amor criativo que sustenta tudo.
Tenho mente e coração abertos, e atentos
à evolução dos pensamentos
palavras e ações do cotidiano,
e posso fazer o que quiser, com certeza, porque sou livre,
abençoado por deus e filho da mãe natureza.

Dou valor a tudo e a todos porque sei
que o amor rege cada átimo da eternidade. →

Festejo cada passo nesse caminho de escolhas
porque tenho coragem e prazer de seguir meu coração
para fazer o que acende o fogo da minha alma.
Por isso o universo cuida bem de todos
e nossos sonhos se realizam.

Alma

Santa Madrugada,
mãe dos insones!
guardiã dos sonhos
e das baladas;
Alma
dos começos solares,
dos poentes lunares,
das fodas espetaculares;
Dona das noites viradas,
do descanso, das roubadas,
dos pavores medonhos!
do encontro com o nada!
Parto de toda poesia;
Placenta do dia!
Rogai por nós
na densidade:
que a liberdade dos sonhos
seja toda realidade.

Brisa

Nua e luminosa
segue tua nave, ave no silêncio.

Canta cor de rosa, voz da liberdade,
vento que assobia:

qual o enigma do universo
quando brinca de ser o inverso de um desejo absoluto?

Pássaro que mia mergulhado no vazio.

Tudo existe porque pode,
e num canto dessa curva
há uma esfinge que me explode.

Num enigma gigante,
despertador de sentidos
chave da correnteza.

Vaga fragmentada,
decifrando rumos
nos labirintos do supra sumo.

Folhas

Caminho de escolhas,
umas doidas,
outras doídas.

Como bolhas
de sabão, ou indefinidas,
como folhas
transformando luz em vida.

A depois voar no vento
e pintar o chão para o renascimento.

Seguir o curso do sim e não,
talvez lagoa, talvez vulcão.

Ou mar aberto de mil canoas,
ou mato dentro de mil leoas
cravando os dentes na presa certa,
ou só mantendo a lojinha aberta.

Cada passo uma encruzilhada,
cada verso um universo.
Cada consciência uma chave.
Cada brecha
o risco de uma flecha.

O amor, o combustível da nave.
O destino do voo:
Coração do Mistério.

Verve

Se arruma, se apruma,
recolhe e observa
a dor, antes que se deforme
o ponteiro da bússola.

Honra a bênção que te serve,
ama o que a vida reserva,
canta mesmo que te enerve
a desumanidade que ferve.

Deixa que o amor transforme
o descaso de quem dorme
a apatia do uniforme
o desprezo do disforme.

Segue o voo da ave,
pelo vento rarefeito,
segue ativada a chave
irradiando no peito.

Prova dura, desafio grave,
tenebroso relâmpago suave.
Tempo reto, companheiro ácido,
liberdade, compromisso tácito.

Cada anômalo com sua fábula,
cada amálgama com sua tábula.
Caminhamos construindo pontes
à procura da suprema fonte.

Carrossel

Todo momento presente
completa uma volta na espiral múltipla
das serpentes entrelaçadas
nas sinapses do carrossel.

No balanço das frequências
os cavalinhos pulam entre as dimensões
ao longo da grande volta, tantas vezes percorrida.

No compasso dos corações,
o serpentário se renova,
em trilhões de versões,
se consumindo no câmbio entre as possibilidades.

A dança da liberdade
com a matemática do caos.

Todo momento, o futuro
pergunta à eternidade sobre os desejos da alma,
Toma notas, traça um plano.

A intenção define o destino, o coração sabe o caminho.
O labirinto some
quando o desejo integra o fluxo.

Cresce a percepção da realidade,
hoje a eternidade é maior que ontem.

Vagalume

Tateio o infinito
num gesto preciso que define o rito.
Por onde segue essa trilha?

Seguro a chave
que conecta a fonte
e mantém a nave
mirando o horizonte.

Desejo pureza,
lanço meus dados sobre as gotas caídas
de uma taça esquecida na mão da vida.

Viver em êxtase não tem motivos,
nem importam as horas.
Tudo está indo embora,
isso te devora.

Um possível amor profundo que no vazio desponta,
talvez alguém se confunda, ou pode nem se dar conta.

A menina que você ama tocando clarineta.
Sua vida numa tabuleta.

Não há saídas, tudo é agora, o tempo é conta perdida. →

Uma piscina de areia movediça,
laço de vento num castelo de cartas.

Mesmo assim não se apresse:
o destino é uma prece,

o tempo é vivo e a inquietude, neblina espessa.

Nesse perfume, pelo jardim
um vagalume define o fim.

Voando

profundo
lá embaixo
no alto
o início do mundo
se encaixa
na ponta do salto
se lança
na beira do tempo
imenso
como um lenço
voando acima do trilho
cantando
as notas imundas
transformadas
na rota do brilho
na luz
melodia
assobiada pelo vento

Sentido

A grande arte
nessa vida é resolver fazer a sua parte
com alegria e gratidão,
tomando consciência,
abrindo o coração.

Saindo por aí cheio de amor pra dar,
ajudando o planeta a se transformar
num paraíso incomum,
onde brilha o Sol
dentro do coração de cada um,
como um portal,
que traz aqui agora nesse mundo material
o que há de mais maravilhoso e sensacional:

a vida como ela é,
só que purificada
na alegria e no amor
de quem não deve nada.

Caderno

Entro onde não se entra,
confiante no desconhecido
manancial do tempo.

Nunca antes ou depois,
na órbita do agora,
aguardo o encontro para o mergulho

no amor mais puro,
no impossível além de todo muro.

Labirinto camaleão
recluso no asteroide.

Explode eterno como folhas soltas
de um caderno guardião das lágrimas,
que só no escuro se revelam bênçãos,
semeando flores num jardim de espinhos.

Toda curva é perfeita,
o corpo é um passo
e está tudo pronto.

Talvez

Como fluir a vida
com olhos maravilhados
para as belezas sugadas
pelos gargalos do mundo?

Como amar o leme
alongar os pavios,
navegar o sublime,
decifrar desafios?

Como somar no embalo
do tempo cantado no cio,
viver o enigma que exalam
as pétalas do vazio?

Talvez no amor ao fluxo
do coração que fala
segredos inexistentes
quando perfuma a sala.

Mirando o dom da lagarta
transformada em mariposa,
guardando o que diz a carta
como pedra preciosa. →

Honrando o sangue no tempo
com consciência e paixão
garimpadas pelos passos
e tropeços do coração.

Fazendo o que canta a alma,
única dona da chave
do mapa cifrado na palma
da mão que dirige a nave.

Feliz

Criança virando noite,
escritor de guardanapos,
juiz de concurso de risadas.

Doze cobras entrelaçadas,
nove lanças no ar,
raio de sol clandestino na noite,
melodia do risco.

Alvo móvel bailarino,
jogador improvável
à espera de um golpe de sorte.

Perdido, amoroso, nem sempre,
inconformado nato esperando o bonde
sonhando com espaçonaves de cristal.

Na lei por acaso,
feliz por descaso.
Renascido agora.

Declara:

Se é para o bem das fadas
e perplexidade viral da razão,
digo ao novo que aceito
um projeto inconsciente que me arrebate
no amor sem restrições.

Eclipse

O eclipse iluminou minhas sombras.
A ventania imóvel domou a caverna,
a escuridão ganhou luz
no espelho de prata
brilhando na proa da grande espiral.

As sombras não resistiram,
se apaixonaram,
entraram nos raios escuros,
sumiram, consumidas pelo fogo
da floresta violeta.

Logo renasceram,
eliminadas, iluminadas,
ainda escuras, fiéis
à natureza que esconde
o que não se quer visto.

Agora se reconhecem,
ocupam melhor o espaço,
sabem o caminho suave
para as fendas que dão luz
sem abrir feridas. →

Então se revela
a face nave da caverna,
vagando infinita,
voando no imprevisto,
regendo aqui agora.

Só então encontro o leme
do que nem sabia nave.
E parto, renascido,
com a licença da morte,
melhor amiga da vida.

2 ou 3

eu sou um, dois ou três
talvez um de cada vez
numa alternância que não se prevê
por nostalgia do imprevisível
quando ninguém sabia o que vinha
como se hoje soubesse
quando ninguém ainda enxergava
o que nunca se esquece

eu sou, mas eu somos
super heróis e mordomos
três ou quatro milhões ou bilhões
fora os outros que não conhecemos
do outro lado do prisma
docemente inalcançáveis
num ritual que nos toca
como fogo abstrato

ou não, disse o rato
em seu bar cromossomo
ou não, quem disse?
num furo de jornal
restamos felizes
em corpos inabitáveis
depois da descoberta
de que é tudo uma coisa só.

Agora

Boa vida! senhoras e senhores,
bem vindos ao Super Clube Agora!
Um boteco destinado à fama e à fortuna
pelas maravilhas aqui reunidas.
Entre projetores holográficos e outros aparelhos
dignos de muitos prêmios Nobel,
usados na materialização da chave
do funcionamento da mente humana
para o seu melhor divertimento.

Neste Super Clube,
você não só vai desvendar os mistérios do inconsciente
como poderá fazer gravações diretas no cérebro,
transferências automáticas
de qualquer tipo de informação,
e alcançar o domínio de toda química, toda álgebra,
ou qualquer programa de computador
em questão de minutos!
É uma cortesia do Super Clube Agora
para a humanidade,
visando transformar o mundo em algo inimaginável!

No 1º holograma,
Prometeu entrega à humanidade o fogo roubado dos
[céus;
No 2º holograma,
Eva aceita a maçã da árvore do conhecimento do bem
[e do mal.

Porque este Super Clube é uma esfera de cristal
que reflete em sua estrutura as configurações dos céus,
você poderá escolher a sua viagem:
pelas formas de Vênus materializada em sua cama,
ou pela transcendência total das formas!

Estamos vibrando na frequência mórfica da ficção,
ligados à pura melodia quântica
e capazes de materializar as flores,
a água ou a luz da existência
para o deleite do observador mais exigente.

Estamos aqui reunidos
numa existência para além dos sonhos,
porque são múltiplas dimensões
no palco deste Super Clube
onde você flutua para fora do seu corpo,
atravessando as paredes,
voando pelo céu da madrugada,
cada vez mais alto, passando pelas nuvens,
atravessando a camada de ozônio, até chegar ao espaço.

Você vai ver o globo azul esverdeado lá longe
e sentir uma vontade incontrolável de rir:
Há há há há há há há! →

De repente, raios elétricos das cores do arco-íris
vão brotar do seu peito em direção à Terra,
circundando o globo em alta velocidade
e transformando o planeta no mais perfeito diamante,
do mais precioso anel, da mais pura princesa da alegria!

Salve o Planeta Terra! Salve o Planeta Urano!
O Céu Luminoso! A Tempestade Primordial da
                                [Liberdade!
O Revolucionário Elétrico!
Anulador das Barreiras do Tempo e do Espaço!
Despedaçador de Átomos! Estraçalhador de
                                [estruturas!
Pai dos Humanistas!

Em nome da fonte, do rio e do mar,
abro os trabalhos desta Era
celebrando o que vier e desejando paz, amor,
verdade, alegria, harmonia, justiça e felicidade.
Boa sorte a todos!

Posfácio

Rotas de passagem

Tinha um Pedro no caminho. Tinha um caminho no Pedro. Um poema "Caminho" dentro de 20 poemas preces. *"Caminho de escolhas, / umas doidas, / outras doidas."*

Um caminho iniciado pelas águas, rotas de passagem, raízes de poemas. Narratividades. De viagens físicas à proa do navio, com o vento beijando o rosto, às viagens imaginárias das Galáxias concretistas à poesia de rua, do manifesto às forças odara da Tropicália. A mistura de mundos e pulsões nos beats da mente e coração. O caos. O cosmos. As estrelas. O infinito. Tudo é possível na escrita de um poema. A poesia do tempo. Poemas construídos e esculpidos a cada vivência, suave ou densa, desse poeta-personagem, como ele mesmo Pedro, rolando, nos diz: *"Cada passo uma encruzilhada, cada verso um universo."* Como rolam as pedras e os poemas e os caminhos, rolaram os anos e a soma deu um livro.

Poemas escritos, traçados e inspirados pela caminhada. Poemas diversos. Ou visuais, como "Vejalém" e "Triolho", ou poemas concretos, surrealistas e ou multilinguagem como "Chão":

Amalgamaldeia metropoluz
harmonicaos irradiante
organicidadiamante

No hibridismo de uma verve viajante, Pedro dedilha *"o amor, o combustível da nave, / o destino do voo, / o coração do mistério"* ao final do poema nomeado "Caminho", entrelaçado por desdobramentos poéticos dialógicos com os irmãos: Encruzilhada, Carrossel, Soma, Respiro, Presente, Sentido, Pavio, Colapso, Deserto, Lama de estrela, entre tantos outros criados na passagem das rotas, por voos ou por terra, retratos de um pintor caligráfico dos momentos. Fluxos. Ritmo e rima. *Rhythm And Poetry.* Sonoridades, de quem tem ouvido musical e teve até uma banda, Peixes do Tietê, nos anos 90, em São Paulo. Contracultura na veia. Entre muitos caminhos.

Poemas como registro do tempo: passado, presente, futuro, escrevivências de um andarilho por estradas de lama, lágrimas, gozos, descobertas. Reais ou oníricas, trilhas de sonhos ou mitologias, trajetos de horizontes e infinitos. Do amor. Romances. Das lutas. Políticas, Irritabilidades ou indignações. Das preces. Esperança. Eternidades, vida, universo. *"Todo momento é um presente / completando uma volta na espiral múltipla / das serpentes entrelaçadas / nas sinapses do carrossel."* E no mesmo poema, finaliza: *"Cresce a percepção da realidade, / hoje a eternidade é maior que ontem".*

O poeta rola a pedra, como quem rola a bola da vida que desencadeia percursos, trajetos, fluxos e devires de um olhar apurado nas viagens e imagens das cores e sombras da vida. Segue um caminho. Permeia um tom de buscas internas, líricas de sentir debulhado, e um espanto com o externo opressor, saudável por sua relação transgressora com o estabelecido de mau ou perverso. Aqui, a busca por ancestralidades mitológicas, os mitos da caverna de Platão ou as odes entregues aos prazeres de Baco, são como um respiro de alívio neste lugar entre terra e céu.

Em "Lama de estrela" o poeta afirma e evoca: *"(...) quando chegar as galáxias / com as botas sujas de lama".* Linhas antes se indaga: *"Mas onde estão os anjos, / se tudo sai tão opaco?"* Inquieto, seus passos são povoados de presenças e percalços nas trilhas em que persiste. A poética transita por visões, sonhos e desejos, delírios e transgressões, trilham um trajeto contemporâneo desde os punks até hoje, somados num impulso motivado pelo entendimento de forças e dinâmicas sociais da criação.

Em "Pavio", sentimos a força de um estopim, um desencantamento com as ambições trágicas e desalmadas de um sistema desenfreado e desumano, de uma decadência ética e sem consciência do TAO da física e da natureza. Nos arrebata: *"Não passarão pela porta / quando tudo no planeta / se ligar no quanto importa / cada simples borboleta."*

A busca por uma evolução do mundo, uma transmutação das consciências e das dinâmicas das relações, presente na parte final do livro, leva a sentir e refletir, por um estado de percepção das coisas, um fluir poético que nos abraça e enraíza. Como as

palavras de "Eclipse", que iluminam as sombras:
"Então se revela / a face nave da caverna, / vagando infinita, / voando no imprevisto, / regendo aqui agora." Mas é no poema "2 ou 3" que se desvenda a unicidade da cosmogonia desta escrita que diz: *"eu sou mas eu somos, super heróis ou mordomos"*, porque, afinal: *"é tudo uma coisa só"*.

Relembrando que o universo foi criado há 13,8 bilhões de anos, sim, foi o Big Bang. No começo, não havia estrelas, nem galáxias ou seres vivos. Apenas hidrogênio, hélio e muita energia. As primeiras estrelas e galáxias provavelmente surgiram cerca de 200 milhões de anos depois do Big Bang. Muito antes da escrita nas cavernas. Antes dos gregos ou de qualquer filosofia. Ou poesia. O cosmos e o universo nos abraçam infinitamente muito antes de tudo. Estrelas, galáxias, pedras, lamas, rios, águas, flechas, tudo soma e nos conecta para terminar em poema. O vislumbrar dos mundos. O transmutar invisível nos passos. Um minuto a frente, e você já não está mais lá.

Lama de galáxias evoca a contemplar e mergulhar na visão desta unidade de tempo e pensamento. Espaços. Lugares. Sentidos. E muito antes do fim do livro, se apresenta um "Presente" — *"no rio de rochas soltas"* — pedras rolando novamente — *"a poesia vinga conforme o caminho / inventando o rumo"* afirma, com a certeza da vivência refletida em escrita, espelhada ali na página. Eternizada.

O poema "Arte" declara que *"toda consciência é parceira na arte, bússola da liberdade"*, desvendando como o percurso nos envereda por caminhos que nem sempre sabemos onde vai dar; o importante é a paisagem na rota das estradas e memórias, que se tornam estrelas em nossas galáxias pessoais, de um infinito particular no apuro do olhar. Conclui o poeta, que *"A vida é a mídia final / uma performance / do coletivo artístico humanidade. / Decifrar a poética desse espetáculo / é o único sentido."*

Entre a lama e as galáxias, o amor e o infinito mistério entre o céu e a terra, entre os paradoxos humanos de toda grandeza, o poeta convida à nave leitura para a degustação dos caminhos de sua viagem de todos nós.

Paula Valéria Andrade

Índice

5 Apresentação

11 Introdução

19 PoEMAS TRIoLHoS

20 Triolho
24 Vejalém
25 Respiro
26 Sou
27 Nunca
28 Laico
29 Luz
30 Anjos
31 Bela
32 Chão
33 Nave
34 Tudo
35 Colapso
36 Presente
37 Lama de estrela

41 Poemas d'amor

43 Encruza
44 Gata
45 Inbox
46 Dádiva
47 Cogumelo
49 Portal

50 Midas
51 Beijo
52 Mergulho
53 Gotas
54 Romance
55 Labirinto
56 Gavião
57 Pipoca
59 Deserto
60 Segredo
61 Vinho
62 Poema
63 Epílogo
64 Alguém
65 Canivetes
66 Réquiem
68 Fim
69 Série
70 Febre
71 Será?
73 Medusa

75 Poemas irritados

77 Delito
78 Astronauta
79 Jukebox
80 Espelho
81 Banquete
82 Flores
83 Falas

84 Éter
86 Sumo
88 Gripe
89 Nada
91 Soneto
92 Lenço
93 Vacina
94 Quem sabe?
95 Brisa
96 Epitáfio
98 Solto

101 Poemas políticos

103 Manifesto ultrágico
105 Pandêmia
106 Luto
107 Nexo
109 Deriva
111 Suspeito
114 Sistema
115 A ver
116 Onda
118 Troco
119 Verdades

123 Poemas preces

125 Arte
126 Farol
128 Convite
130 Rio
131 Coroa
132 Vivo
134 Alma
135 Brisa
136 Folhas
137 Verve
138 Carrossel
139 Vagalume
141 Voando
142 Sentido
143 Caderno
144 Talvez
146 Feliz
147 Eclipse
149 2 ou 3
150 Agora

155 Posfácio

© 2023, Pedro Vicente
Todos os direitos desta edição reservados à
Laranja Original Editora e Produtora Ltda.

www.laranjaoriginal.com.br

Edição **Filipe Moreau**
Projeto gráfico **Arquivo [Hannah Uesugi e Pedro Botton]**
Produção executiva **Bruna Lima**
Foto do autor **Denise Andrade**

Dados Internacionais de Catalogação na Publicação (CIP)
(Câmara Brasileira do Livro, SP, Brasil)

Vicente, Pedro [1967–]
    Lama de galáxias / Pedro Vicente; apresentação por Roberta de Estrela D'Alva; posfácio por Paula Valéria Andrade — 1ª ed. — São Paulo: Editora Laranja Original, 2023. — (Coleção Poetas Essenciais; v. 14)

ISBN 978-65-86042-87-0

1. Poesia brasileira I. D'Alva, Roberta Estrela.
II. Andrade, Paula Valéria. III. Título IV. Série

23-177874   CDD-B869.1

Índices para catálogo sistemático:
1. Poesia: Literatura brasileira B869.1

Cibele Maria Dias — Bibliotecária — CRB-8/9427

Jardim de plurais
Alice Yumi Sakai

Primevo
Samara Porto

Preamar
Rudá Ventura

Não é o silêncio quem passa
Bruno Prado Lopes

Cem sonetos, pouco mais, pouco menos
Jayme Serva

Torre inversa (ainda poesia)
Joaquim Antonio Pereira Sobrinho

Longe do fim
Otávio Machado

Arte em partes — da poesia
Filipe Moreau

Tempo do tempo
Otávio Machado

Óbvio oblongo
Djami Sezostre

Picolé e alferes — só poesia
Filipe Moreau

A flor lilás
Filipe Moreau

Poemarcante
Jaqueline Camargo

Todo poema é de amor
Cristiane Rodrigues de Souza

Difuso
Fernando Dezena

Lama de galáxias
Pedro Vicente

COLEÇÃO POETAS ESSENCIAIS

Fontes **Gilroy e Greta**
Papel **Lux Cream 80 g/m²**
Impressão **Psi7 / Book7**
Tiragem **200**